NOTICE BIOGRAPHIQUE

SUR

LE R. P. LŒVENBRUCK

Missionnaire apostolique de la Congrégation du Saint-Esprit
et de l'Immaculé Cœur de Marie,
Chanoine honoraire de Marseille et d'Angers,

Par LE PÈRE L. REYNAUD
Oblat de Marie Immaculée, de la résidence d'Angers.

ANGERS
IMPRIMERIE TANDRON ET DALOUX, RUE SAINT-LAUD, 9.

1876

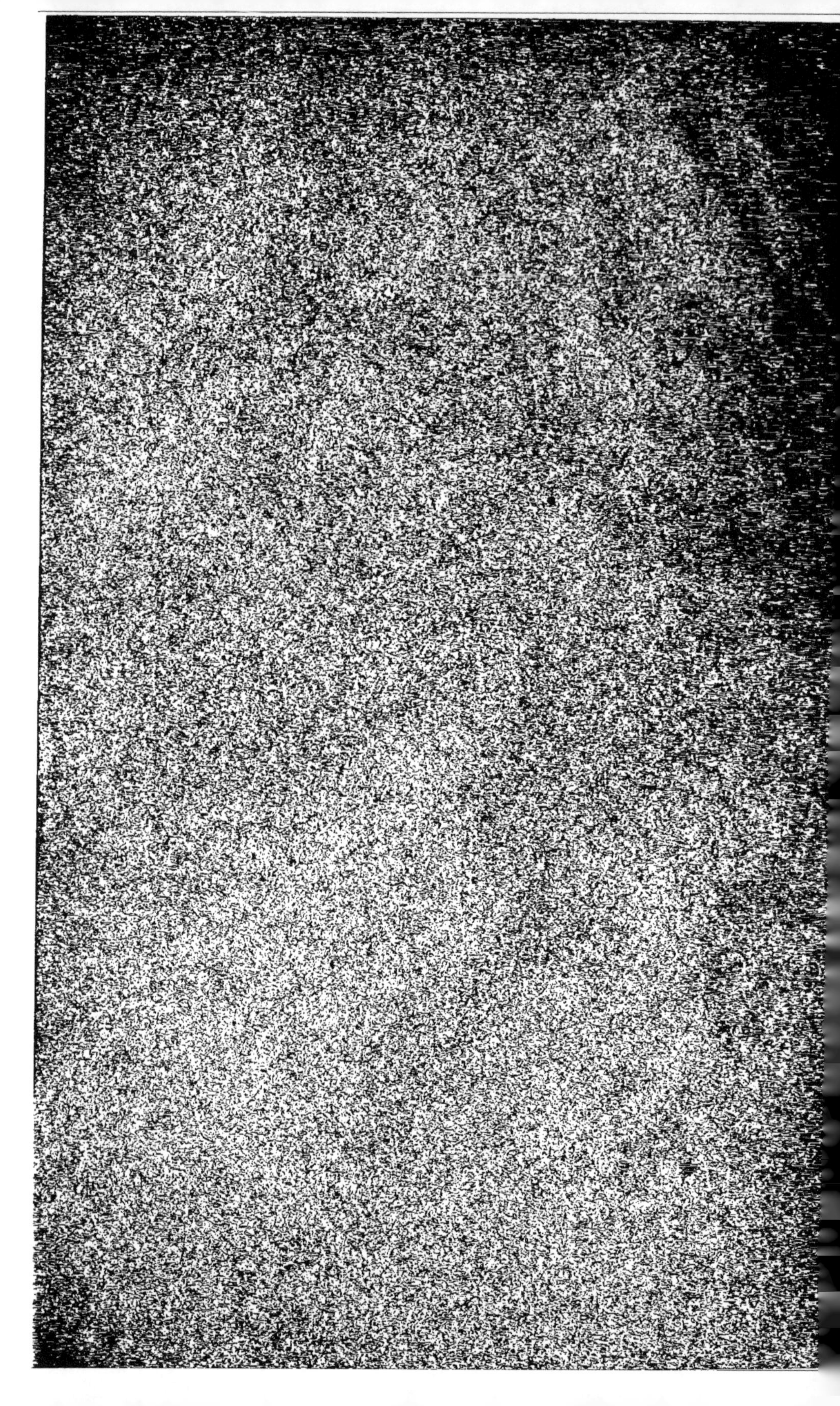

NOTICE BIOGRAPHIQUE

SUR

LE R. P. LŒVENBRUCK

Missionnaire apostolique de la Congrégation du Saint-Esprit
et de l'Immaculé Cœur de Marie,
Chanoine honoraire de Marseille et d'Angers,

Par LE PÈRE L. REYNAUD
Oblat de Marie Immaculée, de la résidence d'Angers.

ANGERS
IMPRIMERIE TANDRON ET DALOUX, RUE SAINT-LAUD, 9.

1876

NOTICE BIOGRAPHIQUE

sur

LE R. P. J. LŒVENBRUCK

Parmi les hommes providentiels qui sont venus faire, en notre siècle, l'œuvre de Dieu, nous devons distinguer avec admiration le travailleur infatigable dont la vie s'éteignait naguères dans la ville d'Angers.

Le désir que Sa Grandeur, Mgr Freppel, a daigné manifester de nous voir rendre publiquement hommage à la mémoire du Révérend Père Lœvenbruck est trop en harmonie avec les sentiments de notre Communauté, pour que nous ne soyons pas heureux de payer, à ce vénéré Père, un large tribut d'admiration religieuse et de reconnaissante affection. Nous avons le regret d'arriver tard et de ne pouvoir consacrer, à ce travail, que le temps d'un rapide repos entre deux campagnes.

Levé dès l'aurore de notre siècle, qu'il a suivi et combattu, pour le relever, durant les trois quarts de sa durée, cet illustre apôtre s'est montré, pendant soixante ans, ardent à la lutte, amant passionné de la gloire de Dieu et du bonheur des âmes. Embrassant le monde de ses désirs, il s'élance intrépide dans l'arène, porte l'évangile dans les plus grands centres, pénètre dans les campagnes, électrise les peuples qu'il arrache à l'erreur et rend dociles à la vérité. De lui, comme du grand Apôtre des nations, saint Jean Chrysostôme aurait voulu dire qu'il traversa le monde, comme le laboureur fait en son champ, arrachant les épines du péché et semant la bonne semence de la parole sainte, déracinant les erreurs et les vices et plantant la vérité, établissant le règne de Dieu dans les âmes, pour l'amour et le salut desquelles il s'est tout dépensé.

Un volume serait nécessaire pour raconter, comme il convient, la vie du P. Lœvenbruck. La Congrégation religieuse du Saint-Esprit, dont il était membre, fera peut-être ce travail. Nous ne devons et ne voulons donner ici que l'esquisse rapide des travaux et des vertus de ce grand ouvrier de Jésus-Christ.

Jean Lœvenbruck naquit à Kemplick, diocèse de Metz, le 2 juin 1795, de parents aisés et chrétiens. Les soins assidus et les bons exemples de ses parents firent son éducation première et, malgré les emportements et les résistances d'un caractère difficile, inoculèrent, en son âme, les germes de l'ardeur généreuse et sainte qui devait l'animer et le tenir en labeurs apostoliques durant une longue et belle vie.

Rien, dès l'origine, ne laissait voir, en ce terrible enfant, le présage de la vocation sublime dont le bon Dieu l'avait honoré. Son frère, plus jeune mais plus docile que lui, étudiait au Petit-Séminaire, tandis qu'il était encore retenu au foyer domestique, sous l'action salutairement obstinée des parents chrétiens que le Seigneur lui avait donnés.

Un revirement soudain s'accomplit. C'était vers l'an 1808. La première communion avait illuminé cette jeune intelligence, assoupli ce difficile caractère, embrasé ce cœur récalcitrant mais libre des souillures funestes qui ne permettent pas à l'homme de voir Dieu. La grâce divine était venue, en les couronnant, féconder les soins religieux et persévérants de la famille et mettre efficacement l'enfant dans la voie qui lui était destinée.

Comme cette fleur de nos jardins qu'un amoureux besoin tourne vers les rayons vivificateurs qui l'alimentent et la décorent, Lœvenbruck ne cessa plus de chercher visiblement les irradiations du ciel. Les signes manifestes de vocation ecclésiastique qu'il donna, tous les jours, lui obtinrent la faveur d'aller rejoindre son jeune frère au Petit-Séminaire de Metz. Il entra au laboratoire de Dieu, reçut, avec docilité, les coups multipliés de ce miséricordieux artiste et put apparaître bientôt merveilleusement façonné pour l'œuvre des missions.

Une illusion pieuse, motivée par les entraînements de la grâce et par le souvenir d'un écart passager, jeta le fervent séminariste dans la pratique d'une mortification disproportionnée avec son âge et compromit, un moment, sa robuste santé. Les cris d'alarme de sa famille, l'attention paternelle de ses maîtres, le repos des vacances réparèrent les ruines et Lœvenbruck continua d'étudier avec la plus fructueuse et la plus édifiante application.

Le moment arrivait où les aspirations apostoliques, mises par le ciel en son âme et continuellement ravivées par la lecture des lettres édifiantes des Pères Jésuites, allaient demander et recevoir satisfaction. Déjà ses parents et ses maîtres avaient vu le jeune séminariste préluder, par des catéchismes et par la visite des malades, aux travaux de l'apostolat. Aussi, petite fut la résistance quand, en 1814, après une première année de théologie, Lœvenbruck voulut faire des démarches pour entrer au Séminaire des Missions-Étrangères, et quand il demanda à gagner le noviciat que les RR. PP. Jésuites venaient d'établir à Paris. Les événements politiques, occasionnés par le retour de l'île d'Elbe et les Cent jours, entravèrent ses desseins et le rejetèrent loin de l'asile béni qui l'abritait.

Pour sauvegarder sa vocation, Lœvenbruck alla continuer ses études théologiques à Mayence, sous la direction du P. Liebermann, en compagnie du jeune Rœs, futur Evêque de Strasbourg. Réclamé par son Evêque, durant les vacances de 1815, le jeune lévite regagna sa patrie, entra, comme professeur, au Petit-Séminaire de Metz, reçut successivement les ordres mineurs, à la fin du Carême 1816, et le sous-diaconat, au mois de septembre de la même année.

Les dons du ciel, en dilatant son âme, rendaient plus ardente la flamme dont il brûlait déjà pour la gloire de Dieu et la sanctification de ses frères. Le sous-diaconat, en le rivant définitivement au sanctuaire, rendit plus irrésistibles ses aspirations et le contraignit à s'élancer. Mgr l'Evêque de Metz encouragea les généreux désirs dont il avait reçu confidence et daigna lui-même recommander le postulant aux missionnaires de France, qui venaient de s'établir à Paris. MM. de Rauzan, de Forbin-Janson, Guyon, Menjaud, etc., le reçurent avec joie dans leur communauté naissante et lui donnèrent, par leurs soins et leurs exemples, l'impulsion salutaire qui nous a valu sa longue et magnifique vie. C'était en avril 1817. Cinq mois après l'abbé Lœvenbruck recevait le diaconat, dans la chapelle d'Yssy — septembre 1817. — Puis, avant de recevoir le sacerdoce qui, grâce à une dispense de 19 mois, devait lui être prochainement conféré, il alla commencer, à Arles, son rude et glorieux apostolat.

La Camargue fut la portion assignée à son zèle. Cette île presque sauvage, saisie, en peu de jours, d'une animation extraordinaire, vit tous ses agrestes habitants accourir enthousiasmés auprès du jeune apôtre qui, dès lors, expérimenta la victorieuse influence de ses terribles considérations sur l'éternité.

La dispense désirée arriva dix jours avant la mission de Grenoble qui devait suivre celle d'Arles. Le diacre fut aussitôt envoyé à Grenoble, pour y être fait prêtre, après une retraite de huit jours. Ordonné le dimanche, le nouveau prêtre dit sa première messe le lundi et engagea la lutte le jour suivant.

Avec la ferveur et les larmes qui l'embellissaient à sa première messe, il avait demandé la grâce d'être un saint prêtre, de vivre et de mourir en véritable apôtre. Le ciel l'avait exaucé.

Armé chevalier de Jésus-Christ, sur le champ du combat, au début même de la bataille, comme il dut être surabondant d'ardeur et de courage, et s'élancer avec une sainte intrépidité !

Dix missionnaires s'étaient partagé les quatre paroisses de la ville. Nommé chef de mission, dans un difficile quartier du faubourg, le jeune Père fit des prodiges de zèle et de vaillance. On le vit commencer ce ministère effrayant de prédications et de confessions incessantes qui dévoraient ses nuits, après avoir absorbé ses jours. Aussi, grande fut la rénovation de la cité ! Grande la consolation des apôtres ! Et plus grande la manifestation exaltée de la reconnaissance de tous !

De Grenoble les missionnaires se rendirent à Clermont-Ferrand où ils passèrent tout le carême. Les mêmes efforts de zèle furent couronnés des mêmes succès et amenèrent de plus significatives manifestations de reconnaissance de la part de ces peuples régénérés qui ne pouvaient, qu'avec larmes, voir s'éloigner d'eux leurs sauveurs.

Le grand calvaire du Mont-Valérien occupait les missionnaires, à Paris, durant le temps qu'ils y passaient pour se remettre de leurs fatigues et se préparer à de nouveaux combats. Le jeune Père Lœvenbruck s'y distingua, par les stations qu'il prêchait souvent aux pèlerins de la capitale et des environs, surtout aux militaires qui suivaient, en corps, ces exercices chrétiens. Ce laborieux repos, toutefois, était de courte durée, et les missionnaires repartaient intrépides pour laver le monde de ses souillures et raviver la foi pratique pour le bonheur de tous.

La Roche-Guyon, Soissons, Toulouse, Bayonne, Saint-Jean-de-Luz, Carpentras, Avignon, Marseille les virent apparaître tour à tour, se soulevèrent sous le feu de leur parole et donnèrent de ravissants spectacles qui durent appeler, sur les saintes joies de la terre, les complaisances et les bénédictions du ciel.

A Marseille, où les missionnaires de France s'étaient tous rendus, M. de Mazenod, fondateur des Missionnaires de Provence devenus Oblats de Marie, vint partager leurs labeurs avec quatre de ses généreux enfants. Vingt-quatre apôtres purent ainsi combiner leurs efforts pour attaquer, soulever et transfigurer cette vieille cité chrétienne, grande et superbe reine de la Méditerranée.

La place assignée à notre cher apôtre fut au cœur même de la grande ville, à Saint-Ferréol, où le concours devint si prodigieux et les impressions furent si profondes que plusieurs tombèrent de saisissement, en écoutant le sermon sur l'enfer.

De splendides cérémonies réunirent toutes les paroisses à Notre-Dame-de-la-Garde, pour la consécration à la très-sainte Vierge, et aux pieds de la vieille tour des Accoules, pour la plantation d'une gigantesque croix. A Notre-Dame-de-la-Garde, le peuple entier couvrait la sainte montagne et, tandis que le célèbre Père Guyon haranguait la foule du haut de la plate-forme où s'élève le sanctuaire, le Père Lœvenbruck, de sa voix retentissante, électrisait, en les remuant, à mi-côte, ces flots humains plus animés que les flots de la mer qui les avoisinait.

Le pied du clocher des Accoules s'est transformé en un superbe calvaire où les Marseillais, toujours remplis des souvenirs de la grande Mission, se pressent, tous les ans, par milliers, vers la fin du carême. Les Oblats de Marie, enfants de M. de Mazenod, ont dressé là leur tente pour honorer, en le gardant, ce glorieux souvenir des travaux apostoliques de leur Père.

De Marseille, les Missionnaires se rendirent, les uns à Aix, les autres à Toulon. Le Père Lœvenbruck dut aller prêcher une retraite à Carpentras, avant de rejoindre, à Toulon, les Pères de Rauzan, de Forbin-Janson, etc., pour la mission qui commençait. Le lot qui lui fut fait est digne d'admiration et le succès de ses efforts digne de mémoire. Son zèle ardent, son activité prodigieuse, ses forces, ses talents, durent être dépensés en faveur des militaires, toujours très-nombreux en cette ville de guerre, et auprès des forçats qui, au nombre d'à peu près cinq mille, donnaient satisfaction à la justice, dans le bagne de Toulon.

Cette mission du bagne, par les travaux qu'elle nécessita et par les succès dont elle fut couronnée, forme une des plus belles pages de la vie apostolique du P. Lœvenbruck. Qu'il nous soit permis d'en donner une idée.

Le bon Père prit possession du bagne en ouvrant les portes du ciel à un forçat allemand et protestant qui, ce semble, l'avait attendu pour mourir. Ces belles prémices durent l'encourager dans son difficile labeur.

Nous ne pouvons que signaler la défiance et l'aversion parfois satanique des infortunés qui peuplaient ce triste séjour. L'habile missionnaire, par des visites renouvelées, par le soin qu'il mit, durant un long mois, à ne point parler ouvertement de conversion et de confession, mais à laisser voir ses desseins d'affection compatissante, par de généreuses largesses et par d'autres saintes industries que son zèle lui suggéra, se gagna tous les cœurs. Son dévouement inaltérable, multiplié chaque jour par les exercices nombreux que nécessitait la division de ses auditeurs en catégories diverses, toucha profondément ces malheureux et lui assura plein triomphe.

Ce n'était pas sans une émotion profonde qu'il voyait pleurer, à ses pieds, des pécheurs surchargés de grands crimes, heureux alors de pouvoir retirer leur âme de l'abîme ignominieux où elle était perdue avec leur fortune, leurs affections et l'honorabilité de leur vie.

Quand deux forçats, rivés l'un à l'autre par une lourde chaîne, se présentaient au saint tribunal de la pénitence, sans être également convertis, le missionnaire industrieux soulevait la porte de son pauvre réduit, glissait sous elle la chaîne fatale et se résignait à entendre, à ses côtés, des chants lubriques et des blasphèmes, tandis qu'à ses pieds, par son ministère, se réalisait le miracle de la régénération.

Les cérémonies et les décorations qui accompagnèrent les communions générales, faites successivement par les diverses catégories, gagnèrent la plupart des infortunés que la parole sainte n'avait pas ramenés. Aussi, belle et générale fut la fête de clôture.

Ornées de riches draperies, festonnées de guirlandes, coupées, de distance en distance, par d'élégants arcs de triomphe, les vastes cours du bagne avaient pris des splendeurs jusqu'alors inconnues. En longues files, avec une joie pieuse et des chants par eux composés pour la circonstance, les forçats y portaient triomphalement, sur un superbe lit de parade, une grande croix enrichie d'un grand christ. L'Etat-Major de la marine, les autorités et le clergé de la ville s'étaient rendus à l'invitation du missionnaire et pleuraient d'attendrissement et d'édification, en voyant les porteurs de la croix écarter religieusement le pan de vêtement qui couvrait leur épaule, pour que la croix du Sauveur ne touchât point ce vêtement d'ignominie.

Soudain le cortége triomphal s'arrête devant un large bassin qui barre le passage. Ce n'est pas un obstacle que rencontre la croix, c'est un nouveau théâtre qui la doit illustrer. La mer veut balancer, sur ses flots, ce peuple renouvelé qui exalte le signe de la rédemption. Cent barques pavoisées, montées par des forçats qui rament ou chantent, se rangent légères sur deux files et remorquent, à travers la rade, le petit navire qui, sur son pont transfiguré, porte le magnifique mémorial de la mission. Les quais du port, les bords de la rade et du grand canal sont en agitation enthousiaste. Un peuple entier s'y trouve dans la jubilation, à la vue du Dieu des grandes miséricordes triomphalement porté par de grands criminels régénérés.

La croix du bagne, hélas! ne demeura pas la force et la consolation du forçat ! Les adeptes de la révolution, toujours mis en fureur par ce qui nous parle du ciel et du salut, la profanèrent en 1830 et l'osèrent enlever !

Le labeur du missionnaire avait été rude ; écrasantes furent ses fatigues ; mais suave et surabondante dut être sa consolation. Il le fit bien voir. Un repas de fête fut servi, par ses soins, aux pauvres condamnés ; des distributions de liqueurs et de tabac leur furent faites et son zèle, intelligent autant qu'infatigable, sut lui faire trouver des mains et des cœurs qui s'ouvrirent généreux pour assurer toutes les magnificences de ces heureux jours.

La pensée des missions lointaines vint encore obséder notre vaillant apôtre. Volontiers il l'aurait réalisée si, pour répondre aux désirs de Mgr l'Evêque de Bayeux, M. de Rauzan ne l'avait envoyé fonder une résidence en Normandie.

Le bon Père avait alors pour compagnon M. Montanié, qui le secondait parfois dans ses courses apostoliques et plus ordinairement s'appliquait à former, en leur nouvelle résidence, les jeunes missionnaires que Mgr l'Evêque de Bayeux leur avait confiés. Pont-l'Evêque, Honfleur, Avranches, Orbec, Valognes, Falaise, Versailles tressaillirent et se transformèrent tour à tour sous les miracles de grâces qui récompensaient le zèle des apôtres. Brest, Quimper, Lorient, Rennes entendirent alors pour la première fois les prédications émouvantes du P. Lœvenbruck. Après deux ans de séjour et de labeurs incessants en Normandie, le Père, qui n'avait pas été étranger à la fondation des missionnaires de N.-D.-de-la-Délivrande, vint se fixer à Ste-Geneviève, à Paris, où il établit la belle œuvre de St-Joseph pour les ouvriers de la grande ville.

Cette œuvre de salut embrassait la ville entière divisée, par le saint ouvrier évangélique, en douze arrondissements. Elle comprenait, dans sa merveilleuse organisation, les maîtres, les ouvriers et les simples apprentis et leur assurait à tous, par des réunions générales et particulières, une direction précieuse, une instruction religieuse abondante, un protectorat bienveillant, les délassements les plus agréables et les plus variés et des attentions paternelles qui faisaient le bonheur et la prospérité de leur vie. Ils étaient heureux, ces ouvriers de la capitale, sous l'action généreuse et sainte du R. P. Lœvenbruck ! Elles étaient belles et admirées leurs phalanges joyeuses quand, pleines de reconnaissante fidélité, elles suivaient leur directeur en grande promenade, étonnaient et édifiaient les alentours de Paris et protestaient ostensiblement de leur attachement à leur père vénéré.

L'œuvre apostolique de Saint-Joseph, salutaire entre toutes, demanda à son illustre fondateur beaucoup de temps, de travaux et de sacrifices, mais lui valut aussi, avec bien des mérites, les louanges et la protection des grands. Charles X, émerveillé de l'organisation et de l'influence régénératrice de ce patronage, fit toujours donner satisfaction aux demandes du directeur et voulut même y prendre une participation directe, en le faisant passer sous la présidence du jeune duc de Bordeaux. Présidence auguste, qui mit plus d'une fois le missionnaire en relation avec la cour, mais qui, en apportant à l'œuvre de Saint-Joseph plus de gloire et de profit, la signala particulièrement au vandalisme de la révolution. Les usurpateurs de 1830 ne voulurent pas laisser debout ce vivant souvenir de la grandeur religieuse et bienfaisante du Roi.

Avant ce jour malheureux, le P. Lœvenbrück avait repris les travaux des missions et mérité d'être maltraité et de souffrir pour Dieu. C'était à Rouen. Appelés par le cardinal prince de Croÿ, quinze missionnaires de France travaillaient au renouvellement spirituel de la ville. Des émeutiers troublèrent soudain les exercices de la mission et renouvelèrent les horreurs de 93 dans la cathédrale et devant l'archevêché. Le P. Lœvenbruck, ignorant l'existence de l'émeute et du vandalisme qui l'accompagnait, se rendait de son église au collége royal, où il logeait, quand il tomba entre les mains de ces barbares. Traîné successivement dans quatre rues, dépouillé de sa soutane, que ces forcenés avaient enlevée par lambeaux, meurtri de coups, il eût certainement cueilli la palme du martyre, sans l'intervention compatissante d'un robuste garçon boucher qui, sous le spécieux prétexte d'achever la sanglante besogne, l'arracha à la fureur des bourreaux et le mit en sûreté dans une demeure dont il défendit victorieusement l'entrée.

Durant les huit jours qu'il dut passer au lit, le bon Père vit accourir, pour le visiter, Son Eminence le cardinal prince de Croÿ, M. le

Préfet et autres personnages de haut rang de Rouen et de Paris. A tous il exprimait le regret de n'avoir pas été trouvé digne du martyre. Auprès de tous, il insistait pour obtenir qu'en récompensant les hommes qui avaient rempli leur devoir, au péril de leur vie, le gouvernement voulût bien ne réserver aux coupables que le pardon. Puis, reprenant son œuvre après avoir célébré une messe d'action de grâces, il put jouir d'un concours qui tenait de la vénération, et bénir le ciel d'un succès extraordinaire, qui lui fut sans doute ménagé comme récompense et comme réparation.

Le drame tragique de Rouen eut, sur la santé du P. Lœvenbruck, une influence funeste. Les médecins ordonnèrent le repos et les voyages. La divine Providence, qui tire le bien du mal, voulait produire sur de nouveaux théâtres cet infatigable ouvrier évangélique. Après un court repos, chez M. le comte d'Osserville, près de Caen, le bon Père visita la Suisse et les Alpes, formant partout des projets de thébaïdes que les circonstances l'obligeaient à laisser aussitôt après les avoir conçus. Refait par ses premiers voyages et dévoré toujours du zèle des âmes, il voulut parcourir la France, j'oserais dire en touriste, s'il n'apparaissait, dans les villes et les campagnes, en apôtre de Jésus-Christ. Sisteron, Gap, St-Marcelin, Grasse, le Luc, Béziers, Toulouse, etc., l'entendirent et se rendirent enthousiasmés.

Mais la divine Providence le ramena dans les pays qu'elle voulait lui faire évangéliser. Gênes le vit passer. Turin le mit en rapports d'amitié avec M. l'ambassadeur d'Autriche. Le comte Mellerio le reçut, à Milan, où Son Eminence le cardinal archevêque Morozzo l'autorisa à s'installer dans le calvaire de Domod'ossola, avec l'abbé Rosmini, qui en fit l'acquisition pour un établissement de charité.

Le P. Lœvenbruck était là, quand la tourmente révolutionnaire de 1830 dispersa ses confrères et mit fin à leur association. C'est de là, qu'après s'être mis en mesure de raviver la foi dans ces régions nouvelles, il alla prêcher en allemand, en italien ou en français dans les diocèses de Novarre, d'Aoste, de Côme, de Milan et de Trente.

La Savoie ne voulut pas demeurer privée des enseignements du missionnaire. Les diocèses de Tarentaise, de Saint-Jean-de-Mauriene, de Chambéry offrirent, tour à tour, à son zèle, leurs villes et leurs montagnes. Le clergé de Tarentaise et de Saint-Jean-de-Mauriene le vit renouveler, en sa faveur, les exercices de retraite ecclésiastique qu'il avait inaugurés au diocèse d'Aoste.

Ces travaux, au milieu du bon peuple savoisien, remplirent le saint apôtre des plus suaves consolations. Ce temps fut, d'après lui, le meilleur apprentissage de sa vie. Aussi, se prêta-t-il volontiers à la fondation de missionnaires à Tamié, d'où, de 1835 à 1840, il rayonna dans ces heureux pays. La mort de Mgr Martinet, archevêque de Chambéry, qui l'avait appelé en Savoie, et le besoin d'un climat plus doux le ramenèrent en France.

L'isolement dans lequel il se trouva, jeta quelque hésitation en son âme, sans toutefois la faire défaillir. Son caractère de forte trempe, son zèle ardent, sa foi vive devaient le maintenir dans l'arène et lui faire renouveler, même dépasser les prodiges de ses premiers combats.

Ce fut dans les Cévennes, au donjon de Brézis, qu'au retour d'un voyage à Rome, il alla fixer sa résidence. Durant l'intervalle de ses courses apostoliques dans les diocèses du midi, il gardait et ravivait pieusement, dans le vieux donjon, la force nouvelle dont il s'était enrichi au tombeau des Saints Apôtres et sous la bénédiction du Vicaire de Jésus-Christ.

Bollène, Uzès, Castres, Pont-Saint-Esprit, Villefort, les Vans, Alais, Concoules, Ponteils, Bédarieux, Nîmes, etc., reçurent son ardente parole et profitèrent de son passage régénérateur.

Marseille le revit. Mais, ô prodige ! Il alla seul, cette fois, attaquer de front, battre sur tous ses flancs, soulever et renouveler ce grand peuple, qui est demeuré plein d'admiration et de reconnaissance pour cet intrépide travailleur. Les paroisses St-Cannat, Saint-Martin, St-Lazare, les grands Carmes, les Chartreux, Notre-Dame-du-Mont le reçurent, le suivirent en foule pressée, le consolèrent successivement. S'il quitta, durant quelques mois, cet illustre théâtre pour aller donner, dans le diocèse de Fréjus, les célèbres missions de Draguignan, Grasse et Solliès-Pont, il y revint empressé continuer sa grande bataille, à la paroisse Saint-Victor, et ne s'arrêta qu'après avoir électrisé toute la population de la ville. Il eut la joie de la ramener entière au Calvaire, aux pieds du religieux souvenir que ses confrères et lui avaient laissé de la mission de 1820.

Ce travail phénoménal n'était pas à son milieu quand, à la clôture de la mission de Saint-Lazare, Mgr de Mazenod, qui se connaissait en apôtres, voulut, aux applaudissements de tous, donner au P. Lœvenbruck, en témoignage d'admiration et de gratitude, le camail de chanoine honoraire. Le chapitre marseillais s'est toujours montré fier de posséder cet intrépide missionnaire. La solennité du service funèbre célébré par lui, à la mort du bon Père, nous a redit l'estime et l'affection dont les chanoines de Marseille ne cessèrent jamais de l'honorer.

Après cette campagne incomparable, le Père Lœvenbruck regagna la Bretagne et la Normandie. Son séjour toutefois n'y fut que de courte durée et les missions et retraites qu'il y donna durent être peu nombreuses. L'illustre Evêque de Marseille le réclamait toujours, sinon pour la grande cité, du moins pour son diocèse. Aubagnes, la Ciotat, Cassis et quelques autres centres populeux furent alors évangélisés.

Les chaleurs de l'été commandaient le repos à la campagne; mais l'ouvrier de Jésus-Christ n'éprouvait que le besoin de se dépenser toujours. Il gagne de nouveau les Alpes; redonne, à ces régions aimées, de nouvelles missions et retraites pour renouveler le bien déjà fait; puis, va parcourir en apôtre les diocèses de Nîmes, Mende, Grenoble et Digne. C'était en 1847.

Le Père Lœvenbruck était à Riez quand la divine Providence parut vouloir le tirer de son isolement et lui redonner la force et la consolation qu'un missionnaire trouve plus abondantes en communauté.

M. Leguay, ancien missionnaire de France, devenu successivement vicaire général de Perpignan et supérieur général de la Congrégation du Saint-Esprit, voulut l'appeler à Paris, pour le faire travailler, avec lui, au bien de la Congrégation dont il était devenu le père. Heureux des confidences qui lui furent faites, plus heureux encore de sortir de l'isolement et d'acquérir un supérieur, le Père Lœvenbruck n'hésita pas à se donner et à se dépenser sans réserve pour sa nouvelle famille. Les projets de M. Leguay lui firent tenter un voyage en Amérique ; mais la divine Providence, qui l'avait fait entrer dans la Congrégation du Saint-Esprit pour réaliser d'autres desseins, empêcha l'accomplissement de ce voyage. Le navire qui reçut le Père au Hâvre le rendit à Cherbourg, après une horrible tempête. Le bon Père fut plus heureux dans le double message qu'il eut à remplir à Rome, d'abord au nom de M. Leguay, pour faire approuver d'importantes modifications aux règles et constitutions de la Congrégation du Saint-Esprit, ensuite au nom de M. Monnet, successeur de M. Leguay, pour faire consacrer la fusion de la Congrégation de l'Immaculé Cœur de Marie avec la Congrégation du Saint-Esprit. Bien que sa vocation providentielle l'ait habituellement fait vivre éloigné de ses frères, le Père Lœvenbruck est demeuré, jusqu'à la mort, membre fidèle et généreux de ces Congrégations réunies. Sa position exceptionnelle fut autorisée. Nous savons qu'avec la plus religieuse assiduité il a toujours rendu compte de ses travaux et de ses différentes œuvres et demandé, pour toutes les sérieuses déterminations qu'il eut à prendre, les conseils et autorisations que ses supérieurs durent lui donner.

Peu après la fusion des deux Congrégations, le Très-Révérend Père Liberman remplaça, comme supérieur général, M. Monnet que la Sacrée Congrégation de la Propagande envoyait vicaire apostolique à Madagascar. Le Révérend Père Lœvenbruck dut retourner à Rome avec le nouveau supérieur général. C'était en octobre 1848. Sa consolation était grande. Le bon Dieu avait béni toutes ses démarches ; il allait désormais, croyait-il, vivre heureux sous la direction bien-aimée du nouveau Père qu'il accompagnait. Vaine espérance ! Le bon Dieu le voulait tenir en courses permanentes et en permanentes missions. Dès le mois de novembre, la Congrégation de la Propagande l'envoya à Corfou, avec le dessein de l'y établir, peu à près, dans un poste élevé ; mais les desseins des hommes ne sont pas toujours conformes aux desseins de Dieu qui sait bien, quand il le veut, déjouer nos projets et faire exécuter les siens. Pour remplir sa mission, sur ce nouveau théâtre, le Père Lœvenbruck prêcha des retraites successives aux séminaristes, aux prêtres et aux chanoines. Il évangélisa séparément les hommes, puis tout le peuple réuni en mission générale.

Emu par le défaut absolu d'éducation pour les femmes et par les misères intellectuelles et morales qui en étaient la conséquence, il conçut la pensée d'attirer des religieuses. Encouragé par Mgr l'Archevêque, il vint en France solliciter et obtenir des religieuses du Bon-Pasteur d'Angers. C'était en mars 1849. Le départ des religieuses fut fixé au mois de juin de la même année. En attendant, le missionnaire voulut vivre de sa vie et donna quelques retraites et missions singulièrement bénies.

Ce travail n'était qu'un prélude.

Des difficultés imprévues lui firent écrire, par Mgr l'Archevêque, une lettre qui l'invitait à différer le départ des religieuses jusqu'à nouvel avis. Le nouvel avis ne vint jamais. Dieu, dont les desseins impénétrables sont toujours merveilleux et miséricordieux, voulut fixer alors le grand missionnaire dans l'Anjou. Ce fut le dernier drame de sa longue et sainte vie.

Les débuts furent merveilleux. Les missions de Saint-Jacques et de Saint-Laud étonnèrent la ville d'Angers et donnèrent, à sa population, l'admiration exaltée et l'empressement religieux des Marseillais. La foule des auditeurs fut parfois si grande, à Saint-Jacques, que l'on dut appeler des gendarmes, non pour réprimer des abus, mais pour assurer l'ordre et faciliter les mouvements.

On se souvient toujours, avec bonheur, à Saint-Jacques, de cette mission si magnifiquement bénie. On redit, à plaisir, l'empressement de Mgr l'Evêque, des vicaires généraux, des directeurs du Grand-Séminaire et des membres divers du clergé de la ville qui honorèrent le missionnaire de leur présence. Parmi les conversions éclatantes et durables qui se produisirent nombreuses, en ces jours de salut, on cite volontiers celle d'un capitaine retraité, officier de la vieille garde de Napoléon Ier, et celle d'un autre officier retiré du corps d'élite de la gendarmerie. Le zèle et les bons exemples de cet heureux converti allèrent continuer, à Nantes, l'édification persévérante qu'ils avaient donnée, depuis la mission, à la ville d'Angers. Un autre gendarme, l'un de ceux qui furent invités aux cérémonies pour en assurer la dignité, trouva presque miraculeusement la guérison et le salut de son âme dans le poste qui lui fut assigné. La voix du missionnaire arrivait frissonnante à ses oreilles, les accents régénérateurs de l'Apôtre de Jésus-Christ amollirent son pauvre cœur endurci par de longs égarements et le jetèrent renouvelé aux pieds de la divine miséricorde. La jubilation était dans toutes les âmes et de toutes l'homme de Dieu était béni.

Le P. Lœvenbruck résidait alors à Saumur, auprès du couvent de Saint-Florent dont Mgr Angebault avait voulu l'établir supérieur. C'est de là qu'il s'élançait pour évangéliser les diverses paroisses des diocèses d'Angers, de Tours, du Mans, de Laval, de Rennes, de Saint-Brieuc et de Coutances. On le vit successivement, à cette époque, donner des carêmes missions à la cathédrale de Laval, à à Notre-Dame-des-Victoires à Paris, à la cathédrale du Mans, à Notre-Dame de Rennes, à Châteaugontier, Craon, Saint-Martin d'Avranches, Bourgueil, la Flèche, Ernée. Un mois durant il évangélisa les paroissiens de la Trinité d'Angers. On aurait dit qu'en multipliant ses années, la divine Providence multipliait aussi son ardeur et ses forces et se plaisait à le maintenir intrépide sur le déclin même de la vie.

Le temps qu'il ne donnait pas aux missions, l'Apôtre le dépensait en retraites et en ministères pieux en faveur des communautés religieuses. Le Bon-Pasteur de Saint-Florent de Saumur avait naturellement la part la plus large et la plus féconde. Il grandissait, heureux et reconnaissant, sous la double influence des prédications et des généreux sacrifices du bon Père. Les religieuses allemandes et italiennes du Bon-Pasteur d'Angers, dont il fut le confesseur extraordinaire, admirèrent son dévouement assidu et le revirent toujours avec bonheur et profit. La Maison-Rouge, les Fontevristes de Chemillé, les sœurs de Sainte-Marie, de la Salle-de-Vihiers se renouvelèrent sous l'action de ses retraites. Les religieuses de Saint-Charles et de Saint-Martin de Bourgueil devinrent et demeurèrent, comme le Bon-Pasteur, l'objet de son dévouement et de sa constante sollicitude. Non content de leur distribuer le pain de la parole sainte et de raviver leurs âmes au saint tribunal de la pénitence, il travaillait encore, avec une satisfaction visible, à recruter des postulantes pour leur noviciat.

Nous avons, plus d'une fois, rencontré, dans ces demeures saintes, ces anges de la terre dont les élans, animés de foi vive, d'amour pur et reconnaissant, redisent aux anges des cieux la félicité d'un cœur satisfait. Cueillies, par le missionnaire, au milieu de la vie parfois radieuse et agitée du monde, où l'air et le soleil des cieux manquaient à leurs aspirations, ces âmes délicates ont été, par lui, heureusement plantées dans la solitude, sous l'influence immédiate de la rosée céleste et des rayonnements de Jésus-Christ. Fleurs suaves et cachées, dont l'éclat saisit et le parfum embaume ceux qui les possèdent ou peuvent les approcher.

Pour être plus entier à ses travaux apostoliques, le P. Lœvenbruck voulut se démettre de la supériorité de Saint-Florent et fixer sa résidence, à Angers, aux environs de la Maison-Mère du Bon-Pasteur. Peu de temps après, le 5 janvier 1859, il fit l'acquisition d'une maison, avec jardin, sur la vieille route de Nantes. C'était le château de la Chaussée. Maison charmante, qui n'avait d'un château que le nom ; mais que son zèle allait transformer en cénacle.

Déjà le bon Père avait reçu, pour la consacrer à une fondation pieuse, une propriété dite des Anges, sur la route de Segré à Craon, à distance à peu près égale de ces deux villes. C'était un ancien couvent de Cordeliers à moitié détruit par la révolution et dont les restes, d'une solidité douteuse, étaient peu propres, sans de grandes réparations, à l'usage d'une communauté. Généreusement offerte à Mgr l'Evêque de Marseille, pour une résidence d'Oblats de Marie, la propriété des Anges fut acceptée avec reconnaissance et devait bientôt voir arriver ses hôtes. Mgr Angebault, de douce et sainte mémoire, heureux de recevoir, en son diocèse, les enfants d'un grand Evêque pour lequel il était rempli d'estime et de vénération et auquel déjà l'affection la plus cordiale l'unissait, ne cacha point la peine qu'il éprouvait de voir les nouveaux missionnaires s'établir, dans la campagne, à douze lieues de sa ville épiscopale. Voulant les posséder plus complétement, Sa Grandeur daigna elle-même proposer au P. Lœvenbruck de les recevoir en sa maison d'Angers. Le généreux missionnaire regarda cette invitation comme une inspiration du ciel, et, sans revenir sur ce qui était fait pour la propriété des Anges, offrit sa maison d'Angers, réservant toutefois, pour lui seul, l'usage de tous les appartements du premier étage.

La place qui restait était petite pour une communauté. En en prenant possession, les Pères ne devaient avoir ni mobilier, ni chapelle, ni cellules suffisantes ; mais les appartements respectés du bon Père allaient être encadrés, par eux, dans un édifice nouveau. Cinq oblats de Marie vinrent, au mois d'octobre 1860, remplir l'attente impatiente de leur bienfaiteur, qui put désormais vivre au milieu d'eux et, de quelque manière, avec eux le reste de sa vie.

Cette fondation, c'est pour nous une grande satisfaction de le dire, valut au Révérend Père Lœvenbruck, avec la reconnaissance affectueuse et inviolable de la Congrégation des Oblats de Marie Immaculée, les bénédictions de Mgr l'Evêque d'Angers et les louanges du clergé. Mgr de Mazenod eut la satisfaction d'y voir l'expression d'un retour généreux du saint missionnaire qu'il avait honoré, et la manifestation consolante de l'estime et de la sympathie dont jouissaient ses enfants. Cette fondation sera désormais la résidence de choix du bon Père. Les maisons que la Congrégation du Saint-Esprit et du Cœur Immaculé de Marie possède à Paris, à Saint-Ilan, à Langonet, à Coulisse, le reçurent de temps à autre et le gardèrent avec bonheur durant le temps de son repos. Il était heureux, quand il lui était donné d'aller, dans l'une ou l'autre de ces résidences, se recueillir et édifier. Mais la maison de la Chaussée demeura sa maison préférée, le point central de son ministère, le siége et le repos de sa vie. C'est de là qu'il s'élançait pour la bataille; c'est là qu'il revenait après le combat. Ce fut là que Mgr Angebault vint, à plusieurs reprises, le visiter, pour lui prouver sa reconnaissance.

N'ayant pas trouvé le Père Lœvenbruck en sa demeure, un jour qu'il lui voulait donner de sa reconnaissance une preuve solennelle et durable, Mgr l'Evêque lui écrivit : « Je suis allé plusieurs » fois, et toujours inutilement, pour vous trouver au pont Brionneau. » Je voulais vous voir avant mon départ. Je prends alors le parti » de vous poursuivre jusqu'à Pouancé pour vous remercier, par » écrit, de tous les services que vous rendez à ce cher diocèse.

» Je ne sais trop comment vous prouver ma reconnaissance ; » mais du moins, en témoignage, je voulais vous prier d'accepter » le titre de chanoine honoraire. Je pars. M. l'abbé Bompois pour- » rait, à mon défaut, vous installer. Pourtant j'aimerais mieux être

» présent et attendre mon retour, si Dieu me ramène sain et sauf.

» Veuillez bien croire, Monsieur l'Abbé et bien cher Père, à mes sentiments respectueux et dévoués.

» † GUILLAUME. »

Le Révérend Père, confus de l'honneur qui lui était fait, en avisa le Très-Révérend Père Supérieur général de la Congrégation du Saint-Esprit, et attendit, de lui, la réponse qui devait le diriger. Cette réponse affirmative, en lui permettant d'accepter un nouveau camail, le fit devenir le frère de quelques-uns de ses plus dignes et de ses meilleurs amis.

Nous ne suivrons plus désormais, dans ses différentes œuvres, cet infatigable travailleur. L'esprit s'effraie à la seule pensée des courses incessantes et des labeurs obstinés qu'il soutenait, jour et nuit, après plus de cinquante ans d'apostolat. Les infirmités, arrivées avec l'âge, ajoutaient de cruelles souffrances aux fatigues des missions. Un mal funeste avait attaqué ses yeux et sa prunelle éteinte rendait indispensable la main d'un ami pour le guider. Rien ne put le retenir au repos ! Il allait, trouvant, dans ses infirmités, un moyen de toucher plus facilement les cœurs chrétiens qu'il évangélisait et d'appeler, sur son ministère, des bénédictions dont le ciel ne pouvait se montrer avare.

La cécité dont le bon Père fut frappé n'était pas inguérissable. Les oculistes qu'il alla consulter à Nantes, à Paris et en Allemagne, le confirmèrent dans la vérité que son médecin lui avait révélée. Désireux de reprendre ses courses apostoliques, il voulut se confier aux soins du célèbre docteur qui, le premier, avait constaté la nature du mal et sa guérison possible. La réussite fut des plus heureuses. Elle rendit au bon Père une vue suffisante pour se conduire, lire, écrire encore et reprendre ses missions. La docilité parfaite du convalescent, pour observer les moindres prescriptions de son habile opérateur, assura la persévérance du succès et remit l'Apôtre en campagne après quelques semaines de repos.

Faut-il citer des noms pour signaler les œuvres ? Le diocèse d'Angers en offre de nombreux : Trélazé, Trémentines, Bourgneuf, Martigné-Briant, Sainte-Christine, Saint-Lézin, Pruillé, Saint-Aubin, Segré, Saint-Quentin, la Ferrière, Saint-Lambert-la-Potherie,

Pouancé, Saint-Sauveur-de-Flée, Noyant, Chazé-Henri, Marans, Vergonnes, Andard, Maulévrier, Yzernay, Chanteloup, Corné, Blaison, Tiercé et une foule d'autres sont là pour attester son zèle et sa persévérante intrépidité.

Le diocèse de Laval en produit un plus grand nombre, parmi lesquels nous pouvons distinguer : La Roë, Saint-Aignan, Livré, la Gravelle, la Brulatte, Fougerolles, Saint-Cyr, Saint-Isle, Laubrières, le Genest, Saint-Pierre-Lacour, Parcé, Cossé-le-Vivien, Javron, Juvigné, la Croixille, Ruillé, Montaudin, Larchamp, Livaré, Montourtier, Astillé, Châtres, Loigné, Ballots, Saint-Vénérand de-Laval, Martigné, Gennes, Vieuvy, la Dorée, Saint-Mars-la-Futaie, Evron, Landivy, Andouillé, Saint-Denis-de-Gastines, Contest, Entrammes, le Pas, Argentré, paroisses où vit le souvenir du missionnaire et dans lesquelles son nom sera toujours béni.

Nous ne voulons pas oublier Pontmain où la divine Providence conduisit aussi notre missionnaire et le remplit de telles consolations, qu'il a voulu lui-même appeler la petite mission de Pontmain la plus consolante mission de sa vie.

Petite paroisse de la Mayenne, sur les confins de la Bretagne et de la Normandie, Pontmain n'avait alors que quelques centaines d'habitants. La mission que le P. Lœvenbruck y donna fut suivie et gagnée par plus de deux mille personnes. Le missionnaire dut s'adjoindre successivement trois confesseurs et prolonger la station de plusieurs semaines. Etait-ce un présage pour l'avenir ? La reine du ciel, avant de l'avoir consacrée par son apparition, voulait-elle faire de cette paroisse un point d'habituel concours ? Nous ne saurions le dire. Ce qui est vrai, c'est que la joie débordait de toutes les âmes et que, dans d'écrasantes fatigues, le curé, le missionnaire et ses coadjuteurs trouvèrent d'ineffables consolations, en voyant accourir tant de chrétiens et des chrétiens de forte trempe.

Un vieillard de 85 ans entra dans le confessionnal du Père, vers cinq heures du soir. Le missionnaire, ayant reconnu la surdité du bon vieillard, conduisit à la sacristie son pénitent qui, après sa confession, lui dit avec des yeux pleins de larmes : « Mon Père, » je suis parti ce matin peu après minuit avec ma femme plus âgée » que moi. Nous avons fait une longue route, dans l'espoir de ga- » gner la mission. Toute la journée nous avons attendu notre tour

» devant votre confessionnal, où va maintenant se présenter mon » épouse. Nous ne pourrons pas, à cause de notre âge et de notre » éloignement, revenir une autre fois. Nous sommes encore à jeun » tous deux. Ne vous serait-il pas possible de nous donner, aujour- » d'hui même, la sainte communion ? » Une admiration, mêlée de bonheur, remua l'âme du bon Père qui, après avoir confessé la digne épouse de ce vaillant chrétien, expliqua pourquoi les deux vénérables vieillards allaient, à pareille heure, s'asseoir à la Table sainte. L'admiration émue de l'Apôtre passa dans toutes les âmes, et la communion des saints vieillards mit de douces larmes dans tous les yeux.

La Bretagne, avec ses divers diocèses, rend plus difficile l'énumération. Avec Rennes, Fougères, Piré, Prévière, Montautour, Montauban, Princé, Châteaubourg, Châteaugiron, St-Aubin-du-Cormier, Pléchatel, Balazé, Taillis, Chavagnes, Chancé, Goven, St-Laurent, Theil, Port-Louis, Brignac, St-Remy, il faudrait nommer et renommer plusieurs fois une multitude d'autres paroisses, où l'éloquente parole du P. Lœvenbruck a fructueusement retenti.

En vain les années s'accumulaient sur sa tête ; en vain les infirmités se multipliaient-elles avec les années ; la vieillesse et le mal ne furent pas alors capables de réduire le missionnaire au repos. Il allait prêchant quand même le règne nécessaire de Jésus-Christ, accueillant toujours la foule de pénitents, qui venaient se jeter à ses pieds et dépensant sa vie, sinon avec le même éclat et les mêmes triomphes que dans les plus belles années de son apostolat, du moins avec la même foi, le même dévouement et la même intrépidité. Dieu, pour couronner son zèle, dut l'arrêter au milieu de ses travaux. Les Pères Oblats de Marie, l'ayant vu revenir de mission plus fatigué que de coutume, lui firent violence pour obtenir qu'il renonçât à des labeurs désormais impossibles. Le bon Père énumérait alors, avec regret, les missions et retraites pour lesquelles il était attendu dans les diocèses de Laval et de Rennes, et ne pouvait se résoudre à permettre qu'on avisât MM. les Curés de son impuissance.

Nous n'oublierons jamais l'expression de bonheur qui vint illuminer son visage quand le médecin, prescrivant un régime réparateur, voulut, pour encourager le bon Père, lui donner des

espérances qu'il partageait peu. — « Je pourrai donc encore bien-
» tôt prêcher ! interrompit le malade, oh ! je vais me soumettre
» ponctuellement à toutes vos prescriptions. Ordonnez et faites ce
» que vous voudrez. » Et l'espoir de travailler encore à la gloire de Dieu et au salut des âmes dans les missions lui donnait le courage de la douleur et de la torture. Le zèle ardent qui n'avait pas cessé de dévorer son âme sous la pesanteur et le froid inévitables de la vieillesse lui faisait préférer le labeur à la couronne. Il semblait ne rêver d'autre bonheur que sa vie de la terre agitée et glorifiée par de continuelles missions, comme cette admirable sainte qui ne voulait, pour elle, d'autre ciel que sa pauvre vie terrestre alimentée d'incessantes douleurs.

Mais le mal empirait. L'affection fatale qui, vingt et trente fois par nuit, l'obligeait à quitter sa couche, le privait d'un repos nécessaire et le consumait en efforts douloureux. Une enflure alarmante, après s'être emparée des jambes, gagna le cœur du malade qui dut alors garder la chambre et le lit. Tout espoir n'était cependant pas perdu. L'habile direction du docteur, les soins intelligents et dévoués des sœurs de l'Espérance triomphèrent de la crise, et le Père, sans trop d'invraisemblance, put encore penser à ses missions. Il s'abandonnait entièrement au bon plaisir de Dieu ; mais, si Dieu l'avait voulu, son désir l'eût remis en campagnes apostoliques. Le bon Dieu ne voulut désormais récompenser que sa bonne volonté.

Une nouvelle opération ayant été reconnue nécessaire, le vénéré malade, désirant toujours continuer sa laborieuse vie, eut le courage de la subir. Mais, trahissant ses espérances, le coup libérateur devait, cette fois, mener le généreux Apôtre aux cieux.

Une fièvre ardente suivit de près l'opération et ne le quitta plus. Le saint malade reconnut son état désespéré ; sans rien perdre du caractère jovial qu'il avait toujours montré dans l'intimité, il fit courageusement son acte de résignation à la sainte volonté de Dieu, et reçut les derniers sacrements avec la foi et la piété d'un véritable apôtre de Jésus-Christ, le vendredi 3 mars 1876. Puis, doucement, avec la confiance que donne une longue et précieuse vie et avec le sentiment de sa félicité, le 5 mars, premier dimanche de carême, à 11 heures du matin, sa belle âme alla recevoir, au ciel, la couronne légitimement méritée par soixante ans d'apostolat.

Le bon Père avait donné, durant sa vie apostolique, à peu près quatre cent quarante missions et cent cinquante retraites!... Soixante ans de zèle et de triomphes!... Soixante ans de travaux et de vertus!...

Nous ne voulons pas finir avant de nous être appliqué à chercher et à trouver le secret des triomphes apostoliques d'un missionnaire qui doit appartenir à l'histoire religieuse de notre temps.

Les œuvres oratoires que le Père Lœvenbruck a laissées sont peu nombreuses et peu soignées. A première vue, ses instructions manifestent que le missionnaire n'a pas voulu les faire pour la postérité. On serait même tenté de douter de l'effet victorieux de ses discours si les faits n'étaient pas là pour rendre témoignage, ou si l'on ne connaissait pas les qualités dont le bon Dieu l'avait fait riche et ses précieuses vertus.

De taille ordinaire et de tempérament robuste, d'une physionomie gracieuse et avenante, d'un maintien toujours modeste quoique sans timidité, le Père Lœvenbruck, au premier aspect, prévenait en sa faveur. L'action qui servait ses convictions profondes était vive et d'un feu toujours croissant. Son organe surtout servait magnifiquement son zèle et assurait ses victoires. L'ampleur retentissante de sa formidable voix terrifiait les cœurs rebelles presque autant que la parole sainte les terrassait.

Son zèle visible cherchait les âmes, non par les vaines saillies d'un esprit à la mode ou jaloux de se montrer, mais par la prédication simple et religieuse des vérités évangéliques, et par un dévouement dont rien n'était capable de paralyser ni même d'altérer la persévérante ardeur.

Son esprit inventif lui avait fait trouver l'art de plaire ; la grâce divine, en animant les mouvements qu'elle inspirait, mit et maintint en lui le don de toucher.

L'originalité frappante de son entrée en matière saisissait l'auditoire et le gagnait souvent, dès le début, à la pratique des vérités morales qu'il annonçait.

« Un bon et sage monarque, sachant que de sinistres complots se
» tramaient contre lui dans ses états, fit dresser son trône au milieu
» d'une vaste plaine où il convoqua les hommes les plus influents
» parmi les conjurés. Il déclara, à haute voix, qu'il connaissait les
» secrets de leur conjuration et qu'il avait les moyens de châtier
» avec rigueur les coupables; mais que son désir formel était de
» pardonner sans réserve à quiconque reconnaîtrait ses torts et
» renouvellerait, avec pleine sincérité, envers son souverain, le
» serment de fidélité. A moi donc, s'écriait-il, tous ceux qui dé-
» plorent leurs égarements et veulent désormais rester fidèles. »

Cette invitation allégorique expliquait les desseins de miséricorde que la mission allait réaliser et les pécheurs, consolés, venaient empressés renouveler leur vie.

Un autre jour, pour décider victorieusement ses auditeurs à se détourner du péché, il leur expliquait cette parole du prophète Osée : J'ai vu, dans la maison d'Israël, un monstre affreux.

« Le grand objet d'étonnement et d'effroi que le Prophète signale
» en frémissant d'horreur est un monstre épouvantable qui ravage
» la maison d'Israël... Vous-mêmes ne seriez-vous pas effrayés,
» consternés comme cet homme de Dieu, si, dans ce moment
» même, on venait vous annoncer qu'un monstre horrible parcourt
» les rues et les places de votre ville, pénètre dans vos maisons où
» il porte la terreur et la mort, et va venir se jeter sur cet audi-
» toire pour en faire sa proie?... Eh bien! de la part du Très-
» Haut, je vous annonce qu'un monstre mille fois plus effroyable
» existe véritablement, non pas à une grande distance, dans quel-
» que désert lointain; mais au milieu de nous... Déjà il a dévoré
» des milliers de mortels... et, si vous ne vous mettez au plus tôt
» à l'abri du danger, vous allez devenir sa proie et augmenter le
» nombre de ses victimes... Ce monstre épouvantable, d'autant
» plus dangereux qu'il est moins aperçu, c'est le péché. Le péché!
» Ce funeste rejeton de l'enfer! Cet ennemi capital de Dieu! Ce
» sanglant meurtrier de Jésus-Christ!... » Et l'auditoire écoute, avec saisissement, les développements de l'Apôtre, et s'anime de frayeur et de résolution contre le péché.

Ou bien, quand il ne voulait pas demander aux paraboles de l'insinuer dans l'esprit et le cœur de l'auditoire, l'habile missionnaire savait profiter des circonstances que le bon Dieu semblait lui ménager pour assurer ses succès.

« Après trente ans d'exercice continuel du saint ministère et » malgré tout ce que j'ai pu dire de plus énergique sur l'indispen- » sable nécessité de fuir les occasions du péché, je ne comprenais » pas encore ce point de morale pratique comme je le comprends » aujourd'hui par suite de ce qui vient d'arriver... Non! les plus » grands saints ne se soutiendront pas s'ils ne fuient avec un soin » extrême les occasions du péché! La présence de l'objet qui tente » et la facilité de se procurer ce que la passion demande secrète- » ment, peuvent éblouir et fasciner à tel point le pauvre enfant » d'Adam qu'il se laisse entraîner dans l'abîme et se voit, en un ins- » tant, dépouillé de tous les mérites acquis par une longue vie de » vertus... On ne saurait trop redire et méditer ces profondes pa- » roles de saint Philippe de Néri : Dans cette guerre, il n'y a de » vainqueurs que les fuyards!... »

Quand le discours devait être triste et porter de soudaines terreurs dans les âmes pour les rappeler violemment à la vie, le début du missionnaire était humble et contrit. Il s'excusait de son audace et montrait, dans l'intérêt et le salut de ses auditeurs, les motifs et le courage de son devoir. Puis, avec une lenteur calculée, avec des accents dont la largeur et la sonorité vibrante donnaient le frisson, il s'écriait :

« Hommes mortels! Pesez et méditez ce grand mot : *Eternité!...* » Vous êtes suspendus entre une *Eternité* de bonheur et de mal- » heur!... Votre *Eternité* dépend de la mort!... Votre mort dépend » d'un moment!... Pensez-y bien!... On ne meurt qu'une fois et » c'est ordinairement lorsqu'on y pense le moins!... Tout est perdu » pour vous, si vous perdez votre âme pour l'*Eternité!...* Pensez-y » bien!... L'ETERNITÉ!... »

D'autres fois, dans ces moments décisifs, pour relever les courages, en achevant la persuasion, le Père recourait aux mouvements pathétiques avec un élan ordinairement victorieux :

» Eh bien, oui!... nous avons un témoin de l'Enfer venu de » l'autre monde!... Prenez garde!... Ce témoin n'est ni un libertin, » ni quelque autre scélérat ou imposteur dont la parole et la vie

» ne méritent pas créance. Le témoin que j'ai à vous présenter est
» autrement digne de toute votre confiance. »

Puis, soulevant rapidement un grand crucifix et le montrant au peuple, l'Apôtre continuait avec animation :

« Voici le témoin irrécusable de l'existence de l'Enfer!... Voici
» ce qui dit mieux que toutes mes paroles combien l'Enfer est ter-
» rible!... Mais voici aussi ce qui doit nous rassurer tous!... La
» croix est le théâtre de la miséricorde... Jésus-Christ n'est mort
» sur la croix que pour faire éviter l'Enfer à ceux qui le veulent
» éviter... Vous le voulez éviter, ô pauvres pécheurs!... En preuve
» de votre volonté, tombez à genoux avec moi!... A genoux, pé-
» cheurs infortunés!... A genoux!... »

L'auditoire entraîné se prosternait plein de saisissement, de repentir et de confiance, et les bénédictions du ciel descendaient abondantes sur ce zèle audacieux et sur la correspondance chrétienne des âmes que ces mouvements gagnaient à Jésus-Christ.

Les cérémonies aidaient encore puissamment le bon Père dans ses missions. La solennité qu'il savait leur donner, l'éclat dont il les revêtait, par les décorations et les chants, gagnaient souvent les cœurs obstinés qui résistaient à la parole sainte et complétaient le succès.

Nous ne voulons rien dire des avis dont l'originalité piquante attirait la foule à l'église par curiosité, ni des industries particulières dont il avait reçu le secret de ses maîtres et que la susceptibilité progressive des indifférents délicats de notre siècle ne lui permit pas toujours d'essayer avec une égale réussite. Nous savons que tous ne les approuvèrent pas ; mais ceux-là mêmes, qui condamnaient ces pieux stratagèmes comme des moyens usés que notre temps ne comportait pas, rendaient hautement témoignage au zèle plein de foi et d'intrépidité du Père Lœvenbruck et, même en ces circonstances, se reconnaissaient et se déclaraient édifiés et gagnés par ses vertus.

Les vertus du missionnaire furent en effet la raison la plus vraie et le moyen le plus puissant de ses triomphes. Nous ne signalerons que sa prudence, ses généreux sacrifices et sa piété.

On ne saurait trop admirer cette longue vie sans défection au milieu des applaudissements, des gloires et des triomphes dont elle fut, dès le début et toujours, environnée.

Le triomphe peut aveugler. Les applaudissements, que le succès soulève et légitime, peuvent faire perdre pied et tomber dans l'abîme. On a vu l'orgueil arracher, du firmament, des astres qui avaient mission d'y briller, et les pousser, avec précipitation, à ensevelir leur splendeur dans des profondeurs inconnues.

Plus que toute autre, la vie glorifiée d'un apôtre rencontre de sérieux obstacles, de funestes dangers.

Les suppôts de l'Enfer la regardent avec colère et, dans leurs sataniques inspirations, font manœuvrer des tentateurs qui s'essayent à ravager les succès en faisant tomber en ruines les vertus.

Ou bien, c'est la reconnaissance qui enchaîne au missionnaire les cœurs qu'il a régénérés. Ce n'est pas un mince bienfait que celui qui redonne à une âme sa vie perdue, remet sur le chemin du ciel le pécheur infortuné qui s'en allait loin de Dieu et fait surabonder le calme et la félicité dans une pauvre vie agitée par le remords, déchirée peut-être par le désespoir. Dieu seul, nous le savons, opère ces merveilles ; mais le cœur qui en fut l'objet veut toujours bénir la main dont Dieu s'est servi pour le renouveler. Il s'attache généreux à son Père dont il peut entraver la marche et compromettre les succès par sa reconnaissance obstinée.

Enfin, c'est une admiration mêlée d'enthousiasme qui peut faire surgir de funestes écueils et préparer le naufrage, en ne pensant et en ne voulant que répondre aux exigences de la vertu. Les âmes pures et généreuses reconnaissent, admirent et recherchent les cœurs amis de la sainteté, qui ne battent que pour le bien et qui, selon la perfection de leurs mérites, se trouvent plus rapprochés de Dieu. Ces âmes chrétiennes voient mieux, en eux, le Dieu pour l'amour duquel elles doivent aimer leurs frères ; leurs préférences s'arrêtent naturellement sur les cœurs vertueux avec lesquels leur Dieu paraît se trouver en rapports plus intimes, en amitié plus vraie. La beauté de la vertu toujours séduit et nécessairement captive ! Là se trouve le principe de certains entraînements qu'on ne peut expliquer et qui troublent la vie et de malheureux écarts qui doivent toujours la désoler.

Les vertus du P. Lœvenbruck rencontrèrent ces obstacles et

coururent ces dangers. Elles se reconnurent plus d'une fois poursuivies et menacées par toutes ces sortes d'ennemis. Partout une entière réserve, un détachement visible, une courageuse répulsion lui assurèrent plein triomphe. Illuminée par sa foi, soutenue par son ardent amour de Dieu, sa prudence chrétienne le garda toujours victorieux.

Nous appelons prudence chrétienne le sentiment de profonde humilité qui, dans l'éclat d'un triomphe dangereux, porta toujours le Père à reconnaître et à proclamer l'œuvre de Dieu dans son œuvre glorifiée et le préserva des vapeurs vertigineuses qui font tourner et perdent tant de pauvres têtes dont l'amour-propre se laisse misérablement flatter.

Nous appelons encore prudence chrétienne la vigilance continuelle qui tenait l'Apôtre en garde contre les assauts de la louange, de l'admiration, de la reconnaissance, de l'impiété, le faisait terminer, par des largesses ou par de courts avis, les rapports que pouvait encore nécessiter le soin des âmes qu'il avait renouvelées et le tenait habituellement, loin du monde, dans la pratique difficile mais salutaire de l'isolement et de la séparation. Aussi, maître des autres et de lui-même, ou plutôt défait des autres et de lui-même, il put être toujours tout à son œuvre et à son Dieu.

De généreux sacrifices secondèrent la prudence chrétienne du grand missionnaire et multiplièrent la vie dans son apostolat. Le sacrifice est la source de la régénération et du salut. Depuis les jours du calvaire, nous pouvons dire depuis le jour de la première faiblesse, à l'origine même du monde, les âmes doivent être reblanchies dans le sang de l'Agneau. Ce lavage heureux est le fruit de l'immolation. De là le besoin passionné du P. Lœvenbruck pour le sacrifice. De là aussi les succès étonnants et les merveilles de salut de ses travaux. Fleurs radieuses, fruits suaves dont les germes féconds se sont levés dans l'immolation !

En voyant ce bon Père tous les jours sur la brèche, une grande partie des nuits au travail, ne se laissant jamais déconcerter, ni arrêter par les accidents de diverse nature qui, vingt fois, sans une sorte de préservation miraculeuse, eussent mis fin à ses jours, on comprenait et l'on admirait cette grande vérité.

En le voyant, malgré les exigences d'un appétit merveilleux, heureusement excité par sa vie laborieuse, se condamner à prendre, tous les jours, durant de longues années, toujours la même nourriture, sans se fatiguer jamais de la monotonie répugnante de cette étrange alimentation, on comprenait que la raison et la vertu avaient pris la place de la sensualité et ne faisaient chercher au missionnaire, dans ses repas, que la réparation des forces dépensées et l'acquisition de forces nouvelles pour ses incessants combats. Le silence patient et enjoué, la résignation paisible, le mot pieux et ami qu'il savait avoir quand un accident providentiel retardait ou contrariait ses repas, manifestaient toujours, en ces circonstances, la présence et la direction de la vertu. Aussi accueillait-il, avec des réparties spirituelles et bienveillantes, les sourires étonnés et les amicales plaisanteries dont son régime obstiné devenait quelquefois l'objet.

Mais la générosité de l'Apôtre brilla surtout dans ses largesses. Le bon Dieu lui avait donné quelque fortune dont il usa, comme n'en usant pas, c'est-à-dire, dont il usa toujours comme les saints savent et veulent en user. Sa fortune ! sa maison, ses appartements, les meubles, les vêtements et autres objets à son usage ne la révélèrent jamais. Sa fortune ! L'œuvre des ouvriers et l'orphelinat qui lui était annexé à Paris, les missionnaires de la Normandie, les fondations de Domod'ossola et de Tamié, les missionnaires de la congrégation du Saint-Esprit et du Cœur Immaculé de Marie, les colonies agricoles que ces religieux dirigent, le couvent de Saint-Florent de Saumur, les Pères Oblats de Marie d'Angers, l'établissement de Mongazon et Saint-Urbain, les forçats du bagne, les pauvres dont il a fait ou relevé la position, les prêtres qui lui doivent, sinon leur vocation, du moins le bonheur de l'avoir suivie, les paroisses dans lesquelles il donnait des missions dont il payait lui-même les frais l'ont bien connue !... Et si les RR. PP. de la congrégation du Saint-Esprit, les PP. Oblats de Marie d'Angers, l'Externat Saint-Maurille et l'Université Catholique n'ont reçu, à la mort du Père, que des titres sans valeur, ils n'en ont pas moins reconnu et proclamé, avec reconnaissance, l'intention généreuse et la bonne volonté qu'eut toujours le P. Lœvenbruck de continuer et de compléter, par sa mort, les bienfaits de sa vie.

Il avait plu au bon Dieu de retirer à son apôtre les biens qu'il lui avait auparavant confiés. Le dépouillement avait été complet ! Si bien qu'en venant l'appeler pour la vie des cieux, la mort trouva sa triste besogne déjà faite. Le Père n'avait rien à laisser. «........
» M. l'abbé Lœvenbruck, prêtre venu de Lorraine parmi nous,
» missionnaire plein de foi, possédant si bien sa fortune, comme
» ne la possédant pas, qu'il est mort pauvre, sans s'apercevoir
» qu'il l'avait toute placée dans le sein de Dieu et dans des œuvres
» qui lui survivent. »

On reconnaît, à ce témoignage, l'éloquent et docte panégyriste de M. l'abbé Le Tellier dont le P. Lœvenbruck était l'ami. C'est l'admiration religieuse d'un esprit qui sait voir et chanter la beauté de la vertu. Ce sont les accents d'un cœur qui, dans la manifestation de sa reconnaissance, trouve sa félicité.

On comprend que le ciel ne se soit jamais montré avare de bénédictions et de triomphes, pour un apôtre qui fut toujours prodigue de ses biens, de ses talents, de son repos et de sa vie.

Mais le grand secret des prodiges qui remplirent la vie du bon Père, se trouve surtout dans sa piété. Le P. Lœvenbruck fut, par-dessus tout, un homme de prière. La prière recule ou aplanit les montagnes et comble les vallées, c'est-à-dire, dégage et relève les âmes, sur lesquelles elle incline miséricordieusement le cœur de Dieu et, dans lesquelles, secrètement et sans bruit, elle implante, avec la fécondité de la grâce, le règne salutaire de Jésus-Christ.

Le vieux missionnaire priait!.. priait encore!.. priait toujours!..

Nous l'avons vu, plus d'une fois, se croyant seul au jardin, avant le lever de la communauté, faire dévotement sa préparation à la messe qu'il disait vers 4 heures 1/2. Les bras en croix, à genoux sur la pierre dure de l'escalier, devant la porte fermée de la sacristie, il implorait les secours qui devaient alimenter et féconder sa vaillance.

Le saint sacrifice de la messe, la récitation attentive et pieuse du bréviaire étaient l'objet de tous ses soins et les sources préférées dans lesquelles il retrempait son âme, pour renouveler son courage. Les raisons que ses différentes infirmités auraient fait légitimement valoir pour le dispenser d'une obligation devenue difficile, ne purent jamais le porter à se priver des forces et des consolations, que la sainte messe et le saint office lui donnaient. L'impuissance absolue eut seule raison de ses résistances et le remplit de regrets, en l'empêchant d'accomplir un devoir qui fut toujours, pour lui, une félicité.

Toutefois sa prière de prédilection, nous pouvons dire sa prière incessante, était la récitation du chapelet. Au chevet de son lit, à l'entrée du corridor qui longeait ses appartements, dans le salon où il recevait ses amis, partout le chapelet avait sa place et s'offrait naturellement à ses mains qui le cherchaient. Le matin, au milieu du jour, le soir, la nuit durant ses fréquentes insomnies, le pieux missionnaire murmurait des prières... Il récitait son chapelet.

Ils n'ont jamais pu se défendre d'une admiration attendrie, ceux qui eurent l'avantage de le voir et de l'entendre, tous les jours, égrener dévotement son rosaire. Ils comprirent son zèle, son ardeur et ses triomphes et demeurèrent remplis, pour lui, d'un attachement mêlé de vénération.

Il put bien vaincre le monde, terrasser l'enfer et transfigurer les pécheurs, celui qui, défiant de lui-même et marquant ses pas par ses sacrifices, sut ne marcher au combat qu'après s'être revêtu de l'armure des forts. Sous l'égide de la Vierge puissante, où les mit son chapelet, les travaux apostoliques du P. Lœvenbruck ne purent être que des victoires.

O Père ! O saint ami ! Nous aurions voulu qu'une plume plus exercée que la nôtre eût redit vos mérites et glorifié votre mémoire. Vous nous pardonnerez notre impuissance à raison de notre bonne volonté. Nous avons suivi vos travaux, reconnu vos succès et proclamé les secrets de vos triomphes. Dans une sphère plus modeste que la vôtre notre vocation nous oblige à vivre de votre vie. O Père ! O saint ami ! Obtenez-nous la grâce de marcher sur vos traces et d'opérer fructueusement la même œuvre par la possession et la pratique des mêmes vertus.

www.ingramcontent.com/pod-product-compliance
Ingram Content Group UK Ltd.
Pitfield, Milton Keynes, MK11 3LW, UK
UKHW020402250726
13967UKWH00005B/2424

9 782013 042451